한·영 성경전서
66권 1장 1절 쓰기 영성교재

한·영
성경전서
66권
1장1절 쓰기
영성교재
일반·성도용
배 수 현

성경쓰기를
시작하면서!

성령님이 주신 지혜와 독자들의 성원에 힘입어 〈성경전서 '1장 1절' 한글&영어 쓰기 영성 교재〉 아동·청소년용에 이어 일반, 성도들을 위해서도 출간하게 하신 주님께 영광과 찬양, 감사를 올려드릴 뿐이다.

(창1:1)	"태초에 하나님이 천지를 창조하시니라"
(말1:1)	"여호와께서 말라기로 이스라엘에게 말씀하신 경고라"
(마1:1)	"아브라함과 다윗의 자손 예수 그리스도의 세계라"
(계1:1)	"예수 그리스도의 계시라 이는 하나님이 그에게 주사 반드시 속히 될 일을 그 종들에게 보이시려고 그 천사를 그 종 요한에게 보내어 지시하신 것이라"

…

'성경전서 1장 1절이 갖는 의미'

성경 필사는 영성을 가져다준다고 말할 수 있다. 성경 전체를 필사하기에 앞서 1장 1절만 먼저 써 봄으로 전체의 윤곽을 볼 수 있는 장점이 있다. 이는 '책의 목차를 보면 그 책의 절반은 보인다.'는 이치와 같다.

이처럼, 성경 각권 '1장 1절'이 갖는 의미가 중요하다고 말할 수 있고 '1장 1절'만 자세히 읽고 써 보기만 해도 하나님의 말씀이 이미 반은 보여 졌다고 해도 지나친 표현이 아니다. 때문에 성경 전체를 필사하기에 앞서 '성경전서' 각권 1장 1절을 먼저 써 보기를 권하고 싶다.

시작이라는 것은 중요한 의미를 주고 있다. 성경 말씀 시작의 첫 단어 '태초'라는 의미를 생각만 해도 심장의 두근거림과 가슴이 설렘으로 벅차게 다가온다. 이처럼 시작을 알리는 하나님의 음성은 어마어마한 권세로 우렁찼으리라 생각된다.

창 1:1을 100% 신뢰하고 인정하기만 해도 약속의 말씀을 대하는 신앙인의 자세는 정해진다고 말할 수 있다. 창세기의 중요성은 성경의 시작을 알리는 것이라 말할 수 있고 그중에 1장은 성경을 여는 것이며 1절은 시작의 이유이기도 하다.

...

'창조주는 한분밖에 존재 할 수 없다.'

우주 만물을 창조하신이가 하나님이라는 사실 하나만으로도 우리의 믿음은 형성될 수 있다. 창조주는 오직 한분이라는 신앙이 있다면 세상에 어떤 신도 존재할 수가 없고 구원하실 이는 창조주 하나님 이시다는 확신이 서게 되기 때문에 오직 창조주이신 삼위 하나님만 믿게 된다. 피조물은 창조자에게만 경배해야 한다. 그것이 창조자에 대한 피조물의 사명이다.

그러나 창조주는 오직 한분이라는 사실을 믿지 않기 때문에 이타 종교가 생겨나게 되고, 다른 신을 만들어 신봉하게 된다. 피조물이 창조자를 배신하고

도전하는 행위가 우상숭배이다. 우상숭배는 인격 없는 것을 인격화시키는 것이 우상숭배인 것이다.

만일, 일. 월. 성. 신을 각기 다른 신이 창조하였다면 우주 질서는 유지되지 못하고 파괴되고야 말 것이다. 우주 만물을 유지할 수 있는 해의 온도, 달의 온도가 각기 다르다면 불과 5분도 버티지 못하고 해의 태양으로 인해 불에 타 없어지든, 달에 의한 얼음 덩어리가 되어버리 든 할 것이다. 또한, 우주공간에 떠 있는 은하계의 간격과 위치가 조금만 달라져도 충돌되어 모두가 사라지게 될 것이다.

또한 동, 식물을 비롯한 만물을 여러 신이 창조하였다면 서로 다른 모습으로 싸우고 충돌하고 내 땅, 네 땅 내 것, 네 것하며 다툴 것은 뻔하다. 뿐만 아니라 공기와 물의 창조자가 다르다면 어찌되겠는가! 하지만, 우주 만물의 질서가 창조 이래 충돌하거나 깨지지 않고 질서 있게 운행되어가고 있는 사실을 볼 때, 한 창조자 하나의 신이 존재하고 있음을 우주 만물을 보아서도 확증 할 수 있는 엄연하고도 확실한 사실임을 증명하고 있는 것이다.

그런데 하나님이 창조하신 우주만물의 피조물들을 신이라고 섬기고 있으니 이보다 더 어리석고 아이러니한 일이 아닐 수 없다.

이는, 지극히 상식적이지만 이러한 기본적인 원리조차도 알지 못하게 하고, 부정하고, 도전하게 하는 행위가 공중 권세 잡은 사단, 마귀가 하고 있는 미혹의 장난인 것이다. 이처럼 마귀는 인정, 애정, 감정을 총 동원하여 사람을 의혹하고 유혹하여 자기의 소유로 삼으려는 전략과 아이디어가 무궁무진하기 때문에 절대로 속지 말아야 한다.

그래서 성도들에게 이러한 원수 마귀를 알고, 보고, 이길 성경을 주신 것이다. 피조물인 인간들에게 이미 성경을 통해 하나님을 알만한 것을 다 보여주셨기 때문에 핑계치 못한다고 분명히 말씀하셨다.

(롬1:18-25) "하나님의 진노가 불의로 진리를 막는 사람들의 모든 경건치 않음과 불의에 대하여 하늘로 좇아 나타나나니 이는 하나님을 알만한 것이 저희 속에 보임이라 하나님께서 이를 저희에게 보이셨느니라 창세로부터 그의 보이지 아니하는 것들 곧 그의 영원하신 능력과 신성이 그 만드신 만물에 분명히 보여 알게 되나니 그러므로 저희가 핑계치 못할찌니라 하나님을 알되 하나님으로 영화롭게도 아니하며 감사치도 아니하고 오히려 그 생각이 허망하여지며 미련한 마음이 어두워졌나니 스스로 지혜 있다 하나 우준하게 되어 썩어지지 아니하는 하나님의 영광을 썩어질 사람과 금수와 버러지 형상의 우상으로 바꾸었느니라 그러므로 하나님께서 저희를 마음의 정욕대로 더러움에 내어 버려두사 저희 몸을 서로 욕되게 하셨으니 이는 저희가 하나님의 진리를 거짓 것으로 바꾸어 피조물을 조물주보다 더 경배하고 섬김이라 주는 곧 영원히 찬송할 이시로다 아멘"

이러한 이유들로 바탕이 되어 이 영성교재를 만들게 된 동기가 되었고 영문과 함께 동시에 써 봄으로 언어의 장벽을 넘어 친근감을 갖게 하고 영어로 번역되어 가져오게 된 '성경전서'를 좀 더 원문에 가까운 이해를 도울 수 있도록 구성하였다.

…

'성경전서인 성경과 성서'

성경의 저자이신 삼위일체 하나님께서 법으로 정해 놓으신 말씀을 사람이 옮겨 기록한 것이 성경이다. 좀 어려운 표현이긴 하지만 성경을 엄밀히 분류한다면 '성경전서' 즉 '성경'과 '성서'로 구분할 수 있다.

'성경은 거룩한 말씀이란 뜻이고 성서는 거룩한 글이라는 말이다.' 성경은 성부, 성자 하나님의 입으로 직접 말씀하신 '모세오경과 4복음서'를 말한다. 성서는 성경을 표본으로 하나님을 경험한 사실들을 성령의 감동을 따라 성경을 증명해보이며 기록한 것이다.

(벧후1:21) "예언은 언제든지 사람의 뜻으로 낸 것이 아니요 오직 성령의 감동하심을 입은 사람들이 하나님께 받아 말한 것이라"

그래서 '대한성서공회'에서는 성경 원문 저작권을 수입해 한글로 번역하였고 '구약전서', '신약전서'를 합해 '성경전서'라고 표기하였다. 쉽게 설명하자면 성경은 교과서이고 성서는 자습서인 셈이다. 자습서인 성서는 교과서인 성경을 벗어날 수 없다. 성서는 경의 말씀인 교과서(성경)가 기준이 되어야 하고 우리에게 주어진 '정경 66권' 외에 어떤 것도 들어올 수 없고 혼합되어서도 안 된다. 때문에, 국가가 정한 교과서를 지급할 때에는 교과서를 바르게 이해하기 위해 반드시 국가가 정한 자습서를 병행하여 주어지게 된다.

이렇게 교과서와 자습서가 같이 주어지듯, '성경전서'는 성경과 성서가 조합을 이루어 하나님의 말씀인 성경을 보다 더 확실하게 믿고 실천하게 되는 것이다.

그런데, 어느 개인이 집필한 참고서와 문제집 등 수많은 참고서들은 교과서와 자습서, 즉 성경과 성서를 벗어날 수 있는 위험성이 있다. 그래서 '교과서 왜곡'이라는 단어들이 등장하게 되는 것이다. 쉽게 표현하자면 '정한 법의 해석을 다르게 하였다'는 말이다.

신앙서적들도 마찬가지이다. 이를테면 개개인이 저술한 신학서적, 신앙논

문, 교리들을 담은 책이 성경을 벗어나서 해석하였을 때 이단, 사이비, 적그리스도가 나오게 되고 신앙 논쟁이 생기게 된다.

...

'설교는 성경전서 외의 다른 복음을 전하면 안 된다.'

설교 속에는 예수님만 드러내보여야 한다. '계시'는 드러내 보이는 것이다. 계시를 구체적으로 구분하면,

제1계시: '예수그리스도'

제2계시: 하나님의 말씀인 '성경'

제3계시: 하나님의 말씀을 전하는 '설교'이다.

여기에서 제3계시인 '설교'는 '제2계시인 '성경'만 드러내 보여야 한다. 이렇게 성경을 드러내 보이니 당연히 '제1계시'인 '예수그리스도'만 전하게 되는 것이다. 이것이 원색적인 순수복음의 설교이다. 세상 학문의 지식이나 철학을 적당히 섞어하는 설교는 진정한 설교라고 말할 수 없다. 그래서 철학은 속이는 것이라고 성경에서 말씀하고 있다.

> (골2:8) "누가 철학과 헛된 속임수로 너희를 노략할까 주의하라 이것이 사람의 유전과 세상의 초등 학문을 좇음이요 그리스도를 좇음이 아니니라"

'성경 66권에는 다른 것이 들어올 수 없고, 어느 누구도 개입할 수도 없고, 오직 예수그리스도!, 오직 주님만이 보여야 되고 성자 예수님의 피의 복음만이 성도들에게 제3계시인 설교로 전달되어야 한다.'

성경 어디를 보아도 거기에는 예수님의 십자가가 보이고, 예수 피가 보이고,

그 피로 자신의 영혼이 적셔져야 되고, 그 피로 나를 구원하신 예수님만 보여야 하는 것이다.

성경은 하나님의 입에서 나온 정확 무오한 말씀이기에 일점일획도 가감해서는 안 되며 순수 복음만을 전해야 된다.

(신4:2) "내가 너희에게 명령하는 말을 너희는 가감하지 말고 내가 너희에게 명하는 너희 하나님 여호와의 명령을 지키라"

(갈1:8-9) "혹 하늘로부터 온 천사라도 우리가 너희에게 전한 복음 외에 다른 복음을 전하면 저주를 받을 찌어다 우리가 전에 말하였거니와 내가 지금 다시 말하노니 만일 누구든지 너희의 받은 것 외에 다른복음을 전하면 저주를 받을 찌어다"

(계22:18-19) "내가 이 책의 예언의 말씀을 각인에게 증거 하노니 만일 누구든지 이것들 외에 더하면 하나님이 이 책에 기록된 재앙들을 그에게 더하실 터이요 만일 누구든지 이 책의 예언의 말씀에서 제하여 버리면 하나님이 이 책에 기록된 생명나무와 및 거룩한 성에 참예함을 제하여 버리시리라"

이처럼 성경 말씀을 일점일획이라도 더하거나 빼거나, 사사로이 풀어서 다른 복음을 전하면 안 된다는 말씀이다.

…

'성경의 주제이신 예수그리스도'

구약의 법을 제정하신 분이 성부 하나님이시고 신약은 그 법을 완성하신 성자 예수님을 말하고 있다. 그리고 구약은 예수님이 오고 계시는 줄기이다. 따라서 신,구약 전체의 주제는 바로 '예수그리스도'인 것이다. 신약의 첫 구절 마태복음 1장 1절 "아브라함과 다윗의 자손 예수그리스도의 세계라"로 시작된다.

또한 '구약이 예수님이 오시는 길이라면 신약은 굿 뉴스good-news, 복음, 곧 예수그리스도이다.' 이렇게 신약은 '예수그리스도'로 시작하고 '예수그리스도'로 끝을 맺는다.

(마1;1) "아브라함과 다윗의 자손 예수그리스도의 세계라"

(계1:1) "예수그리스도의 계시라 이는 하나님이 그에게 주사 반드시 속히 될 일을 그 종들에게 보이시려고 그 천사를 그 종 요한에게 보내어 지시하신 것이라"

예수님이 오시기 4,000년 전 아담 시대에도 예수님이 보여야하고, 예수님이 이 땅에 오시기 700년 전 엘리야시대에도 예수님이 보여야 되고, 예수님 오시기 400년 전 말라기 시대에도 예수님이 보여야하고, 말씀이 육신이 되어 이 땅에 오시기 6개월 전 침례 요한을 통해 생명의 빛이 되신 예수님이 보여질 때 우리의 죄가 드러나게 되고, 그 죄를 예수 보혈의 피 앞에 내려놓고 철저한 회개의 믿음으로 속죄함 받아 구속의 은총으로 천국 백성이 되는 것이다.

때문에, 회개 없는 구원은 있을 수 없고 회개만이 살길이다. 이것이 성경을 대하는 그리스도인의 자세이고 구원의 핵심이 되어야 하는 것이다.

이 교재를 통하여 성경에서 보이는 완전하시고 온전하신 하나님을 깊이 알게 되는 유익한 〈한·영 성경전서 각 1장 1절 쓰기 영성 교재〉가 되기를 바란다.

– 모든 것은 주님이 하셨습니다!

목차 Contents

:: 구약 Old Testament

분류		한글		영어		페이지
		약자	제목	약자	제목	
예언서 17권	대선지서 5권	사	이사야	Isa	Isaiah	64
		렘	예레미야	Jer	Jeremiah	66
		애	예레미야애가	Lam	Lamentations	68
		겔	에스겔	Eze	Ezekiel	70
		단	다니엘	Dan	Daniel	72
	소선지서 12권	호	호세아	Hos	Hosea	74
		욜	요엘	Joe	Joel	76
		암	아모스	Amo	Amos	78
		옵	오바다	Oba	Obadiah	80
		욘	요나	Jon	Jonah	82
		미	미가	Mic	Micah	84
		나	나훔	Nah	Nahum	86
		합	하박국	Hab	Habakkuk	88
		습	스바냐	Zep	Zephaniah	90
		학	학개	Hag	Haggai	92
		슥	스가랴	Zec	Zechariah	94
		말	말라기	Mal	Malachi	96

목차 Contents

:: 신약 New Testament

분류		한글		영어		페이지
		약자	제목	약자	제목	
서신서 21권	사도서신 8권	히	히브리서	Heb	Hebrews	140
		약	야고보서	Jam	James	142
		벧전	베드로전서	1pe	I Peter	144
		벧후	베드로후서	2pe	II Peter	146
		요1	요한1서	1jo	I John	148
		요2	요한2서	2jo	II John	150
		요3	요한3서	3jo	III John	152
		유	유다서	Jud	Jude	154
예언서		계	요한계시록	Rev	Revelation	156

성경
1장1절 속에
66권 전체가
보인다!

한·영 성경전서 66권
1장 1절 쓰기 영성교재

구약편

Old Testament

›››››››

[구약]
총 39권
929장 23,213절
각 권의 1장 1절을 한글과 영어로 써보기

01. 창세기 Genesis

저자 모세

연대 B.C. 1446-1406년경

장절 50장 1,533절

[창세기의 목적]

첫째, 하나님이 우주 만물의 창조주요 주관자이심을 가르쳐 줍니다.

둘째, 하나님이 유일한 구원자이심을 보여줍니다.

[창세기의 개요]

1-11장 우주 창조, 인류의 타락, 최초의 살인, 노아 홍수, 바벨탑 사건

12-50장 아브라함, 이삭, 야곱, 요셉 등 족장의 역사

1장 1절 말씀을 한글과 영어로 따라 써 보세요.

"태초에 하나님이 천지를 창조하시니라"

"In the beginning God created the heavens and the earth."

02. 출애굽기 Exodus

이집트 탈출기

저자 모세

연대 B.C. 1446-1406년경

장절 40장 1,213절

[출애굽기의 목적]

첫째, 하나님은 지난날 아브라함과 맺은 언약을 성취해 가시는 전능하고 신실한 분이심을 가르쳐 줍니다.

둘째, 이스라엘의 구원을 통해 택한 백상의 구원을 확인시켜 줍니다.

[출애굽기의 개요]

1-18장 고난받는 이스라엘 민족의 구출

19-40장 이스라엘을 선민 삼으신 하나님의 율법 수여 및 선민들의 신앙과 생활의 중심이 될 성막 건축

1장 1절 말씀을 한글과 영어로 따라 써 보세요.

"야곱과 함께 각각 자기 가족을 데리고
애굽에 이른 이스라엘 아들들의 이름은 이러하니"

"These are the names of the sons of Israel
who went to Egypt with Jacob, each with his family"

03. 레위기 Leviticus

예배 규정

저자 모세

연대 B.C. 1445년경

장절 27장 859절

[레위기의 목적]

첫째, 거룩하신 하나님께 나아가는 법을 가르쳐 줍니다.

둘째, 거룩하신 하나님과 동행하는 거룩한 삶의 방법을 가르쳐 줍니다.

셋째, 예수 그리스도의 십자가 대속을 예표해 줍니다.

[레위기의 개요]

1-7장	각종제사법
8-17장	각종 정결법과 속제일 규례
18-22장	성결에 관한 율법
23-27장	연중 절기법과 토지 관련법

1장 1절 말씀을 한글과 영어로 따라 써 보세요.

"여호와께서 회막에서 모세를 부르시고
그에게 말씀하여 이르시되"

"The LORD called to Moses and spoke to him
from the Tent of Meeting. He said,"

04. 민수기 Numbers

광야 방랑기

저자 모세

연대 B.C. 1446-1406년경

장절 36장 1,288절

[민수기의 목적]

첫째, 불복종하면 징계를 면치 못함을 깨우쳐 줍니다.

둘째, 하나님은 선민을 징벌하되 영원히 버리지 않으심을 일깨워 줍니다.

셋째, 선민의 최종 특징지는 광야가 아니라 가나안임을 가르쳐 줍니다.

[민수기의 개요]

1장-10장 10절	1차 인구 조사와 행군 군비
10장 11절-25장	38년간의 광야 방황
26-36장	2차 인구 조사와 가나안 입성의 기대

1장 1절 말씀을 한글과 영어로 따라 써 보세요.

"이스라엘 자손이 애굽 땅에서 나온 후
둘째 해 둘째 달 첫째 날에 여호와께서 시내 광야 회막에서
모세에게 말씀하여 이르시되"

"The LORD spoke to Moses in the Tent of Meeting
in the Desert of Sinai on the first day
of the second month of the second year
after the Israelites came out of Egypt. He said"

05. 신명기 Deuteronomy

모세의 설교

저자 모세

연대 B.C. 1406년경

장절 34장 959절

[신명기의 목적]

첫째, 선민이 언약의 후손임을 자각시켜 줍니다.

둘째, 믿음과 불신, 순종과 불순종에 따라 축복과 저주가 뒤따름을 가르쳐 줍니다.

셋째, 약속의 땅에서 선민의 도리를 다하도록 가르쳐 줍니다.

[신명기의 개요]

1-4장 은혜로운 지난 역사에 대한 회고

5-26장 이스라엘이 지킬 규례와 법도

27-30장 축복과 저주

31-34장 순종을 촉구하는 모세의 유언

1장 1절 말씀을 한글과 영어로 따라 써 보세요.

"이는 모세가 요단 저쪽 숩 맞은편의 아라바 광야
곧 바란과 도벨과 라반과 하세롯과 디사합 사이에서
이스라엘 무리에게 선포한 말씀이니라"

"These are the words Moses spoke to all Israel
in the desert east of the Jordan–that is,
in the Arabah–opposite Suph,
between Paran and Tophel, Laban, Hazeroth and Dizahab."

06. 여호수아 Joshua

가나안 정복사

저자 여호수아, 미명 1인

연대 B.C. 1406-1327년경

장절 24장 658절

[여호수아의 목적]

첫째, 가나안 정복이 전적으로 하나님의 주권적 섭리로 이뤄졌음을 가르쳐 줍니다.

둘째, 가나안 전쟁이 단순한 정복 전쟁이 아니라 하나님 나라를 건설하기 위한 거룩한 전쟁임을 가르쳐 줍니다.

[여호수아의 개요]

1-12장 가나안 땅 정복

13-21장 가나안 땅 분배 및 정착

22-24장 가나안 정착에 따른 교훈과 지도자의 죽음

1장 1절 말씀을 한글과 영어로 따라 써 보세요.

"여호와의 종 모세가 죽은 후에 여호와께서
모세의 수종자 눈의 아들 여호수아에게 말씀하여 이르시되"

"After the death of Moses the servant of the LORD,
the LORD said to Joshua son of Nun, Moses' aide"

07. 사사기 Judges

사사들의 통치

저자 사무엘(혹은 동시대인)

연대 B.C. 1050-1000년경

장절 21장 618절

[사사기의 목적]

첫째, 하나님의 말씀에 순종할 때 구원과 복이, 불순종할 때 절망과 고통이 주어짐을 보여 줍니다.

둘째, 거듭 타락하는 죄인들의 한계를 확인시켜 줍니다.

[사사기의 개요]

1장	가나안 정복
2장	이스라엘의 타락과 사사들의 등장
3-16장	이스라엘의 열두 사사
17-18장	단 지파의 우상숭배
19-21장	이스라엘의 내전

1장 1절 말씀을 한글과 영어로 따라 써 보세요.

"여호수아가 죽은 후에 이스라엘 자손이
여호와께 여쭈어 이르되 우리 가운데 누가 먼저 올라가서
가나안 족속과 싸우리이까"

"After the death of Joshua, the Israelites asked the LORD,
'Who will be the first to go up and fight for us
against the Canaanites?'"

08. 룻기 Ruth

룻의 이야기

저자 미상

연대 B.C. 1050-970년경

장절 4장 85절

[룻기의 개요]

1장 1절-5절	모압으로 이주한 엘리멜렉의 가족
1장 6절-22절	베들레헴으로 돌아오는 나오미와 룻
2장	보아스의 밭에서 이삭을 줍는 룻
3장	타작 마당에서의 룻과 보아스
4장 1절-12절	룻과 보아스의 결혼
4장 13절-22절	보아스와 룻의 후손들

1장 1절 말씀을 한글과 영어로 따라 써 보세요.

"사사들이 치리하던 때에 그 땅에 흉년이 드니라
유다 베들레헴에 한 사람이 그의 아내와 두 아들을 데리고
모압 지방에 가서 거류하였는데"

"In the days when the judges ruled, there was a famine
in the land, and a man from Bethlehem in Judah,
together with his wife and two sons,
went to live for a while in the country of Moab."

09. 사무엘상 1Samuel

왕국 건설 I

저자 사무엘(초반), 미상(후반)

연대 B.C. 1070-930년경

장절 31장 810절

[사무엘상의 목적]

첫째, 이스라엘의 왕정이 시작된 배경과 발전 과정을 보여줍니다.

둘째, 하나님의 간섭에 의한 다윗 왕국의 확립 과정을 통해 장차 임할 메시아 왕국 실현을 예시해 줍니다.

[사무엘상의 개요]

1-3장 엘리의 활동

4-7장 사무엘의 활동

8-15장 사울의 등극과 그릇된 통치

16-31장 사울의 몰락 과정과 다윗의 등장

1장 1절 말씀을 한글과 영어로 따라 써 보세요.

"에브라임 산지 라마다임소빔에
에브라임 사람 엘가나라 하는 사람이 있었으니
그는 여로함의 아들이요 엘리후의 손자요
도후의 증손이요 숩의 현손이더라"

"There was a certain man from Ramathaim,
a Zuphite from the hill country of Ephraim,
whose name was Elkanah son of Jeroham, the son of Elihu,
the son of Tohu, the son of Zuph, an Ephraimite."

10. 사무엘하 2Samuel

왕국 건설Ⅱ

저자 미상

연대 B.C. 1070-930년경

장절 24장 695절

[사무엘하의 목적]

첫째, 사울 가정의 몰락을 통해 불순종의 위험을 경고합니다.

둘째, 다윗 왕국의 번영과 재난이라는 대비를 통해 순종과 범죄의 차이점을 확인시켜 줍니다.

[사무엘하의 개요]

1-5장 다윗의 즉위

6-10장 다윗의 종교·군사적 업적

11-13장 다윗의 간음과 살인 범죄 그리고 재난

14-18장 압살롬의 반란

19-24장 다윗의 말년과 각종 치세

1장 1절 말씀을 한글과 영어로 따라 써 보세요.

"사울이 죽은 후에 다윗이 아말렉 사람을 쳐죽이고 돌아와
다윗이 시글락에서 이틀을 머물더니"

"After the death of Saul,
David returned from defeating the Amalekites
and stayed in Ziklag two days."

11. 열왕기상 1Kings

왕들의 통치 I

저자 예레미야 혹은 미상

연대 B.C. 561-538년경

장절 22장 816절

[열왕기상의 목적]

첫째, 나라의 번영과 몰락은 오직 하나님을 향한 순종 여부에 달려있음을 깨우쳐 줍니다.

둘째, 역사의 진정한 주인이 하나님임을 보여 줍니다.

[열왕기상의 개요]

1-8장 솔로몬의 왕위 등극과 번영

9-11장 솔로몬의 타락과 쇠퇴

12-14장 이스라엘 왕국의 남북 분열

15-22장 남북 열왕들의 통치와 엘리야

1장 1절 말씀을 한글과 영어로 따라 써 보세요.

"다윗 왕이 나이가 많아 늙으니
이불을 덮어도 따뜻하지 아니한지라"

"When King David was old and well advanced in years,
he could not keep warm even
when they put covers over him."

12. 열왕기하 2Kings

왕들의 통치II

저자 예레미야 혹은 미상

연대 B.C. 561-538년경

장절 25장 719절

[열왕기하의 목적]

첫째, 왕국의 패망과 성전 파괴가 정치·군사적 이유에서가 아니라 하나님을 떠나 사신 우상을 섬기고 타락했기 때문임을 가르쳐 줍니다.

둘째, 다윗과 맺은 하나님의 언약은 어떤 경우에도 불변함을 가르쳐 줍니다.

[열왕기하의 개요]

1-16장 남북 열왕의 치적

17장 북왕국 멸망

18-24장 유다 열왕의 치적

25장 남왕국 멸망

1장 1절 말씀을 한글과 영어로 따라 써 보세요.

"아합이 죽은 후에 모압이 이스라엘을 배반하였더라"

"After Ahab's death, Moab rebelled against Israel."

13. 역대상 1Chronicles

이스라엘의 역사 I

저자 에스라

연대 B.C. 458-400년경

장절 29장 942절

[역대상의 목적]

첫째, 아브라함에 대한 하나님의 언약은 성취되어 왔으며, 특히 솔로몬 시대에 성전 건축과 국가의 번영을 통해 구속사의 큰 획이 그어졌음을 보여 줍니다.

둘째, 하나님께 충실하면 축복을, 불충하면 저주 받음을 확인시켜 줍니다.

[역대상의 개요]

1-9장 아담에서 다윗까지의 족보

10-12장 다윗의 등극

13-27장 다윗의 치적

28-29장 다윗의 말년과 솔로몬의 등극

1장 1절 말씀을 한글과 영어로 따라 써 보세요.

"아담, 셋, 에노스"

"Adam, Seth, Enosh"

14. 역대하 2Chronicles

이스라엘의 역사II

저자 에스라

연대 B.C. 458-400년경

장절 36장 822절

[역대하의 목적]

첫째, 바빌론 포로 생활을 끝낸 백성에게 선민으로서의 정체성을 일깨워 줍니다.

둘째, 다윗 언약의 중요성을 깨우치고 언약 백성으로서의 자긍심과 순종의 삶을 살도록 해줍니다.

[역대하의 개요]

1-7장 솔로몬의 즉위와 성전 건축

8-9장 솔로몬 왕국의 영화

10-35장 왕국 분열과 유다의 열왕들

36장 바빌론 포로

1장 1절 말씀을 한글과 영어로 따라 써 보세요.

"다윗의 아들 솔로몬의 왕위가 견고하여 가며
그의 하나님 여호와께서 그와 함께 하사
심히 창대하게 하시니라"

"Solomon son of David established himself firmly over
his kingdom, for the LORD his God was with him
and made him exceedingly great."

15. 에스라 Ezra

저자 에스라

연대 B.C. 444년경

장절 10장 280절

[에스라의 목적]

첫째, 포로 귀환의 역사성을 강조함으로써 언약을 지키시는 하나님의 신실하심을 증거합니다.

둘째, 귀환자들의 영적 재무장과 하나님께 대한 새로운 헌신의 마음을 갖도록 합니다.

[에스라의 개요]

1-2장 제1차 바빌론 포로 귀환

3-6장 예루살렘 성전 재건

7-8장 제2차 바빌론 포로 귀환

9-10장 전면적인 개혁 운동

1장 1절 말씀을 한글과 영어로 따라 써 보세요.

"바사 왕 고레스 원년에 여호와께서
예레미야의 입을 통하여 하신 말씀을 이루게 하시려고
바사 왕 고레스의 마음을 감동시키시매
그가 온 나라에 공포도 하고 조서도 내려 이르되"

"In the first year of Cyrus king of Persia,
in order to fulfill the word of the LORD spoken by Jeremiah,
the LORD moved the heart of Cyrus king of Persia to make a
proclamation throughout his realm and to put it in writing"

16. 느헤미야 Nehemiah

저자 느헤미야

연대 B.C. 420년경

장절 13장 406절

[느헤미야의 목적]

첫째, 예루살렘 성벽 복원을 통해 여호와 신앙의 회복을 강조합니다.

둘째, 이방 혈족과의 구별을 통해 성결의 중요성을 일깨워 줍니다.

[느헤미야의 개요]

1-7장 느헤미아의 주도로 이뤄진 성벽 재건 작업

8-10장 에스라가 주도한 언약의 갱신

11-13장 언약 실천과 민족 대개혁

1장 1절 말씀을 한글과 영어로 따라 써 보세요.

"하가랴의 아들 느헤미야의 말이라
아닥사스다 왕 제이십년 기슬르월에 내가 수산 궁에 있는데"

"The words of Nehemiah son of Hacaliah:
In the month of Kislev in the twentieth year,
while I was in the citadel of Susa,"

17. 에스더 Esther

저자 미상

연대 B.C. 465-436년경

장절 10장 167절

[에스더의 목적]

첫째, 세상 역사는 권력자나 악인의 손에 달려 있지 않고 하나님의 손에 있음을 확인시켜 줍니다.

둘째, 유대인의 명절인 부림절의 역사적 배경과 기원을 알려 줍니다.

[에스더의 개요]

1-2장 황후로 간택된 에스더

3-4장 하만의 계략과 에스더의 단호한 신앙적 결단

5-7장 수포로 돌아간 하만의 간계

8-10장 유다인의 승리와 부림절의 기원

1장 1절 말씀을 한글과 영어로 따라 써 보세요.

"이 일은 아하수에로 왕 때에 있었던 일이니
아하수에로는 인도로부터 구스까지
백이십칠 지방을 다스리는 왕이라"

"This is what happened during the time of Xerxes,
the Xerxes who ruled over 127 provinces stretching
from India to Cush"

18. 욥기 Job

욥의 시련

저자 미상

연대 족장 시대(역사적 배경 기준)

장절 42장 1,070절

[욥기의 목적]

첫째, 고통의 원인이 죄 때문이라는 인과 응보적 사고에서 벗어난 고난의 신비와 하나님의 주권적 섭리를 일깨워 줍니다.

둘째, 인생의 본분은 하나님께 대한 절대 순종과 감사, 찬양임을 일깨워 줍니다.

[욥기의 개요]

1-2장 이유를 모르는 욥의 고난

3-31장 욥과 세 친구 사이의 죄와 고난간의 상관 관계 논쟁

32-37장 엘리후의 중재

38-42장 말씀하시는 하나님과 참회하는 욥

1장 1절 말씀을 한글과 영어로 따라 써 보세요.

"우스 땅에 욥이라 불리는 사람이 있었는데
그 사람은 온전하고 정직하여 하나님을 경외하며
악에서 떠난 자더라"

"In the land of Uz there lived a man whose name was Job.
This man was blameless and upright;
he feared God and shunned evil."

19. 시편 Psalms

저자 다윗, 아삽, 고라의 자손, 솔로몬, 모세, 에단, 헤만, 저자 미상의 시

연대 B.C. 1410-430년경

장절 150장 2,461절

[시편의 특징]

첫째, 다양한 저자와 시대적 배경 그리고 종교적 체험과 신앙 고백이 표현되어 있습니다.

둘째, 예배와 찬양의 전형이 됩니다.

셋째, 오실 메시아에 대한 소망과 상징들이 표현되어 있습니다.

넷째, 히브리 문학의 우아함과 장중함이 드러납니다.

[시편의 개요]

1-41장 죄와 구원

42-72장 이스라엘 민족의 파멸과 구원

73-89장 하나님의 거룩하심을 경외함

90-106장 하나님의 통치

107-150장 하나님의 말씀에 대한 찬양

1장 1절 말씀을 한글과 영어로 따라 써 보세요.

"복 있는 사람은 악인들의 꾀를 따르지 아니하며
죄인들의 길에 서지 아니하며
오만한 자들의 자리에 앉지 아니하고"

"Blessed is the man who does not walk
in the counsel of the wicked or stand in the way of sinners
or sit in the seat of mockers."

20. 잠언 Proverbs

지혜의 글

저자 솔로몬, 그 외 미상

연대 B.C. 970-930년경 기록, B.C. 715-686년경 편집

장절 31장 915절

[잠언의 목적]

첫째, 참된 지혜의 길을 깨우쳐 여호와 신앙의 바른 삶을 살아가도록 합니다.

둘째, 어리석은 자에게는 지혜를, 학식이 있는 자에는 더욱 온전한 명철과 지혜를 제공해 줍니다.

[잠언의 개요]

1-10장 죄와 구원

11-20장 모든 사람을 위한 권고

21-31장 왕과 통치자를 위한 권고

1장 1절 말씀을 한글과 영어로 따라 써 보세요.

"다윗의 아들 이스라엘 왕 솔로몬의 잠언이라"

"The proverbs of Solomon son of David, king of Israel"

21. 전도서 Ecclesiastes

솔로몬의 인생론

저자 솔로몬

연대 B.C. 940-930년경

장절 12장 222절

[전도서의 목적]

첫째, 하나님 없는 인생의 활동과 소망은 철저히 허무함을 일깨워 줍니다.

둘째, 인생의 참 지혜는 창조자를 기억하는 것이고, 본분은 하나님을 경외하고 그 명령을 지키는 것임을 가르쳐 줍니다.

[전도서의 개요]

1장 1절-11절 인생의 허무함

1장 12절-6장 인생 허무의 증거들

7-12장 헛된 인생에 대한 권고

1장 1절 말씀을 한글과 영어로 따라 써 보세요.

"다윗의 아들 예루살렘 왕 전도자의 말씀이라"

"The words of the Teacher, son of David, king in Jerusalem"

22. 아가 Song of Songs

사랑의 노래

저자 솔로몬

연대 B.C. 970-960년경

장절 8장 117절

[아가의 특징]

첫째, 남녀간의 애정을 솔직, 대담하게 표현하여 이스라엘을 향한 하나님의 사랑, 교회를 향한 그리스도의 사랑을 드러내고 있습니다.

둘째, 상징과 비유 등의 심미적 표현을 사용해 가장 아름다운 히브리 시문학이라 인정받고 있습니다.

[아가의 개요]

1장-3장 5절	사랑의 시작
3장 6절-5장 1절	결혼 예식과 첫날밤
5장 2절-6장 1절	사랑의 위기
6장 2절-8장	사랑의 성숙

1장 1절 말씀을 한글과 영어로 따라 써 보세요.

"솔로몬의 아가라"

"Solomon's Song of Songs."

23. 이사야 Isaiah

이사야의 예언

저자 이사야

연대 B.C. 740년경-680년경

장절 66장 1,292절

[이사야의 목적]

첫째, 죄악에 대한 필연적인 심판과 회개의 시급성을 전합니다.

둘째, 심판에도 불구하고 하나님은 남은 자들을 통해 자신의 언약을 신실히 지켜 가심을 보여 줍니다.

셋째, 메시아의 오심과 하나님 나라의 완성에 대한 소망을 가지도록 합니다.

[이사야의 개요]

1-35장 유다와 열국에 대한 여호와의 심판 예언

36-39장 역사적인 사건

40-66장 여호와의 구원에 대한 예언

1장 1절 말씀을 한글과 영어로 따라 써 보세요.

"유다 왕 웃시야와 요담과 아하스와 히스기야 시대에
아모스의 아들 이사야가 유다와 예루살렘에 관하여 본 계시라"

"The vision concerning Judah and Jerusalem
that Isaiah son of Amoz saw during the reigns
of Uzziah, Jotham, Ahaz and Hezekiah, kings of Judah."

24. 예레미야 Jeremiah

저자 예레미야

연대 B.C. 627-586년경

장절 52장 1,365절

[예레미야의 목적]

첫째, 하나님과의 언약을 어기고 타락한 유다의 멸망을 예언하고 회개를 촉구합니다.

둘째, 심판으로 선민의 역사가 끝나는 것이 아니라 새 언약에 기초하여 메시아로 인한 회복의 날이 마침내 도래할 것을 가르쳐 줍니다.

[예레미야의 개요]

1-25장 유다와 예루살렘에 대한 심판 예언

26-29장 예레미야와 거짓 선지자와의 갈등

30-33장 예레미야의 위로

34-45장 예레미야의 험난한 상환

46-51장 열방에 대한 경고

52장 예루살렘의 함락

1장 1절 말씀을 한글과 영어로 따라 써 보세요.

"베냐민 땅 아나돗의 제사장들 중
힐기야의 아들 예레미야의 말이라"

"The words of Jeremiah son of Hilkiah,
one of the priests at Anathoth in the territory of Benjamin."

25. 예레미야애가 Lamentations

슬픔의 노래

저자 예레미야

연대 B.C. 586년경

장절 5장 154절

[예레미야애가의 목적]

첫째, 예루살렘 멸망을 통해 죄에 대한 하나님의 진노가 얼마나 큰가를 깨우쳐 줍니다.

둘째, 죄악에 대한 뼈저린 자성과 회개를 강조합니다.

[예레미야애가의 개요]

1장 황폐한 예루살렘

2장 심판 날의 참상

3장 선지자의 비탄

4장 심판의 원인

5장 회복을 위한 기도

1장 1절 말씀을 한글과 영어로 따라 써 보세요.

"슬프다 이 성이여 전에는 사람들이 많더니
이제는 어찌 그리 적막하게 앉았는고 전에는 열국 중에 크던 자가
이제는 과부 같이 되었고 전에는 열방 중에 공주였던 자가
이제는 강제 노동을 하는 자가 되었도다"

"How deserted lies the city, once so full of people!
How like a widow is she, who once was great
among the nations! She who was queen
among the provinces has now become a slave."

26. 에스겔 Ezekiel

에스겔의 예언

저자 에스겔

연대 B.C. 593-571년경

장절 48장 1,273절

[에스겔의 목적]

첫째, 유다의 멸망과 바빌론 치하의 고통스런 현실이 죄 때문임을 깨우쳐 유다인들로 회개토록 합니다.

둘째, 하나님은 온 세상과 역사를 주관하는 분임을 깨우쳐 줍니다.

셋째, 회복될 이스라엘에 대한 비전을 심어 줍니다.

[에스겔의 개요]

1-3장 소명받은 에스겔

4-24장 유다에 임할 심판

25-32장 열방에 임할 심판

33-48장 회복될 이스라엘과 새 성전

1장 1절 말씀을 한글과 영어로 따라 써 보세요.

"서른째 해 넷째 달 초닷새에
내가 그발 강 가 사로잡힌 자 중에 있을 때에
하늘이 열리며 하나님의 모습이 내게 보이니"

"In the thirtieth year, in the fourth month on the fifth day,
while I was among the exiles by the Kebar River,
the heavens were opened and I saw visions of God."

27. 다니엘 Daniel

다니엘의 예언

저자 다니엘

연대 B.C. 530년경

장절 12장 357절

[다니엘의 목적]

첫째, 세상의 질서와 열국들의 운명을 주장하시는 하나님의 초월성을 강조함으로써 포로된 선민을 위로하고 소망을 안겨 줍니다.

둘째, 결국 쇠락할 세상 나라와는 다른, 메시아로 인해 세워질 하나님 나라의 영원함을 강조합니다.

[다니엘의 개요]

1장	바빌론 궁전에서의 다니엘 신앙
2-4장	느부갓네살의 꿈과 해석
5-6장	벨사살과 다리우스
7장	네 짐승 환상
8장	숫양과 숫염소 환상
9장	70이레 환상
10-12장	이스라엘의 미래에 대한 환상

1장 1절 말씀을 한글과 영어로 따라 써 보세요.

"유다 왕 여호야김이 다스린 지 삼 년이 되는 해에
바벨론 왕 느부갓네살이 예루살렘에 이르러 성을 에워쌌더니"

"In the third year of the reign of Jehoiakim king of Judah,
Nebuchadnezzar king of Babylon
came to Jerusalem and besieged it."

28. 호세아 Hosea

호세아의 예언

저자 호세아

연대 B.C. 753-722년경

장절 14장 197절

[호세아의 목적]

첫째, 타락한 이스라엘의 필연적 멸망, 그럼에도 그들을 잊지 않으시는 하나님의 신실한 사랑을 나타냅니다.

둘째, 이스라엘이 겪는 고통은 바른 신앙 회복을 위한 하나님의 사랑 중 한 표현임을 나타냅니다.

[호세아의 개요]

1-3장 경건한 호세아와 방탕한 아내의 결혼 생활

4-13장 타락한 이스라엘과 심판

14장 신실한 하나님의 구원

1장 1절 말씀을 한글과 영어로 따라 써 보세요.

"웃시야와 요담과 아하스와 히스기야가 이어 유다 왕이 된 시대
곧 요아스의 아들 여로보암이 이스라엘 왕이 된 시대에
브에리의 아들 호세아에게 임한 여호와의 말씀이라"

"The word of the LORD that came to Hosea son of Beeri
during the reigns of Uzziah, Jotham, Ahaz and Hezekiah,
kings of Judah, and during the reign
of Jeroboam son of Jehoash king of Israel:"

29. 요엘 Joel

요엘의 예언

저자 요엘

연대 B.C. 830년경

장절 3장 73절

[요엘의 목적]

첫째, 메뚜기 습격과 기근 등의 자연 재앙을 통해 여호와의 날에 임할 하나님의 준엄한 심판을 경고합니다.

둘째, 죄악에서 돌이키는 자에게 주어질 구원과 회복을 가르쳐 줍니다.

[요엘의 개요]

1장 경건한 호세아와 방탕한 아내의 결혼 생활

2장 임박한 여호와의 날

3장 회복의 약속과 심판

1장 1절 말씀을 한글과 영어로 따라 써 보세요.

"브두엘의 아들 요엘에게 임한 여호와의 말씀이라"

"The word of the LORD that came to Joel son of Pethuel."

30. 아모스 Amos

아모스의 예언

저자 아모스

연대 B.C. 760년경

장절 9장 146절

[아모스의 목적]

첫째, 솔로몬 이후 최대의 번영을 누리던 북 이스라엘 백성의 죄와 그로 인한 피할 수 없는 심판을 전하여 참회에 이르도록 합니다.

둘째, 장차 임할 메시아를 통한 구원과 회복의 약속을 확인 시킵니다.

[아모스의 개요]

1-2장 열방을 향한 심판 예언

3-6장 심판을 초래한 이스라엘의 죄악상

7-9장 다섯 가지 환상과 다섯 가지 약속

1장 1절 말씀을 한글과 영어로 따라 써 보세요.

"유다 왕 웃시야의 시대 곧 이스라엘 왕 요아스의 아들
여로보암의 시대 지진 전 이년에 드고아 목자 중
아모스가 이스라엘에 대하여 이상으로 받은 말씀이라"

"The words of Amos, one of the shepherds of Tekoa–
what he saw concerning Israel two years
before the earthquake, when Uzziah was king of Judah
and Jeroboam son of Jehoash was king of Israel."

31. 오바댜 Obadiah

오바댜의 예언

저자 오바댜

연대 B.C. 586년경

장절 1장 21절

[오바댜의 목적]

첫째, 오랫동안 유다를 대적해 온 에돔의 궁극적인 멸망과 그로 인한 유다의 회복을 전합니다.

둘째, 대적하는 모든 세력을 멸망시키시고 자신의 나라를 이뤄 가시는 하나님의 주권적 섭리를 나타냅니다.

[오바댜의 개요]

1장 1절-9절 에돔에 선고된 심판

1장 10절-14절 에돔의 멸망 이유

1장 15절-16절 열방에 대한 심판

1장 17절-21절 이스라엘의 승리

1장 1절 말씀을 한글과 영어로 따라 써 보세요.

"오바댜의 묵시라 주 여호와께서 에돔에 대하여
이와 같이 말씀하시니라 우리가 여호와께로 말미암아
소식을 들었나니 곧 사자가 나라들 가운데에 보내심을 받고
이르기를 너희는 일어날지어다
우리가 일어나서 그와 싸우자 하는 것이니라"

"The vision of Obadiah. This is what the Sovereign
LORD says about Edom– We have heard a message
from the LORD : An envoy was sent to the nations to say,
'Rise, and let us go against her for battle'"

32. 요나 Jonah

요나의 예언

저자 요나

연대 B.C. 760년경

장절 4장 48절

[요나의 목적]

첫째, 폐쇄적인 선민 의식에 젖어 있던 이스라엘의 무지를 일깨워 줍니다.

둘째, 모든 민족을 향한 하나님의 보편적인 사랑을 전합니다.

[요나의 개요]

1장 요나의 사명과 불순종

2장 요나의 회개와 결단

3장 니느웨의 회개 운동

4장 요나를 깨우치시는 하나님

1장 1절 말씀을 한글과 영어로 따라 써 보세요.

“여호와의 말씀이 아밋대의 아들 요나에게 임하니라 이르시되”

“The word of the LORD came to Jonah son of Amittai”

33. 미가 Micah

미가의 예언

저자 미가

연대 B.C. 700년경

장절 7장 105절

[미가의 목적]

첫째, 정치·종교·사회 지도층 인사들의 죄악과 타락에 대한 하나님의 준엄한 진노를 나타냅니다.

둘째, 장차 오실 메시아를 통해 실현될 회복과 구원의 소망을 전해 줍니다.

[미가의 개요]

1-3장 죄악에 대한 심판 선포

4-5장 메시아로 인한 구원과 회복

6-7장 회개와 용사의 선포

1장 1절 말씀을 한글과 영어로 따라 써 보세요.

"유다의 왕들 요담과 아하스와 히스기야 시대에
모레셋 사람 미가에게 임한
여호와의 말씀 곧 사마리아와 예루살렘에 관한 묵시라"

"The word of the LORD that came to Micah of
Moresheth during the reigns of Jotham,
Ahaz and Hezekiah, kings of Judah–
the vision he saw concerning Samaria and Jerusalem."

34. 나훔 Nahum

저자 나훔

연대 B.C. 612년경

장절 3장 47절

[나훔의 목적]

첫째, 유다의 대적 앗시리아의 수도 니느웨 멸망 예언을 통해 유다 백성에게 위로와 소망을 줍니다.

둘째, 세상 모든 나라의 흥망 성쇠를 주관하시는 하나님의 절대 주권을 드러냅니다.

[나훔의 개요]

1장 니느웨 멸망에 대한 선포

2장 니느웨 멸망의 참상

3장 니느웨 멸망의 필연성

1장 1절 말씀을 한글과 영어로 따라 써 보세요.

"니느웨에 대한 경고 곧 엘고스 사람 나훔의 묵시의 글이라"

"An oracle concerning Nineveh.
The book of the vision of Nahum the Elkoshite."

35. 하박국 Habakkuk

하박국의 예언

저자 하박국

연대 B.C. 612-605년경

장절 3장 56절

[하박국의 목적]

첫째, 비록 세상에서 악인이 형통하고 의인이 고통받는 것 같으나 하나님의 절대적인 간섭으로 악인이 멸망하고 만다는 사실을 일깨워 줍니다.

둘째, 의인은 오직 그 믿음으로 말미암아 산다는 사실을 확신시켜 줍니다.

[하박국의 개요]

1장 1절-4절	하박국의 첫번째 질문
1장 5절-11절	하나님의 첫번째 대답
1장 12절-17절	하박국의 두번째 질문
2장	하나님의 두번째 대답
3장	하박국의 찬양

1장 1절 말씀을 한글과 영어로 따라 써 보세요.

"선지자 하박국이 묵시로 받은 경고라"

"The oracle that Habakkuk the prophet received."

36. 스바냐 Zephaniah

스바냐의 예언

저자 스바냐

연대 B.C. 640-622년경

장절 3장 53절

[스바냐의 목적]

첫째, 유다와 주변 열국에 장차 임할 "여호와의 날" 곧 심판의 날을 선포하여 회개에 이르도록 합니다.

둘째, 하나님께 돌이키는 자들에게 주어질 구원의 소망을 전해 줍니다.

[스바냐의 개요]

1장 유다에 대한 심판

2장 열국에 대한 심판

3장 유다의 회복

1장 1절 말씀을 한글과 영어로 따라 써 보세요.

"아몬의 아들 유다 왕 요시야의 시대에
스바냐에게 임한 여호와의 말씀이라
스바냐는 히스기야의 현손이요 아마랴의 증손이요
그다랴의 손자요 구시의 아들이었더라"

"The word of the LORD that came to Zephaniah son of Cushi,
the son of Gedaliah, the son of Amariah, the son of Hezekiah,
during the reign of Josiah son of Amon king of Judah"

37. 학개 Haggai

학개의 예언

저자 학개

연대 B.C. 520년경

장절 3장 53절

[학개의 목적]

첫째, 바빌론 포로 생활에서 고국으로 돌아온 뒤 성전 재건축 작업에 착수했으나, 대적의 방해로 성역이 중단되고, 16년 후 무력감에 젖어 있던 백성을 각성시켜 다시 재건 작업에 힘을 낼 수 있도록 합니다.

둘째, 성전 재건 작업을 통해 여호와 신앙을 회복하도록 합니다.

[학개의 개요]

1장	성전 재건에의 부르심
2장 1절-9절	성전 재건에 대한 격려
2장 10절-19절	현재의 축복 약속
2장 20절-23절	미래의 축복 약속

1장 1절 말씀을 한글과 영어로 따라 써 보세요.

"다리오 왕 제이년 여섯째 달 곧 그 달 초하루에
여호와의 말씀이 선지자 학개로 말미암아
스알디엘의 아들 유다 총독 스룹바벨과
여호사닥의 아들 대제사장 여호수아에게 임하니라 이르시되"

"In the second year of King Darius,
on the first day of the sixth month,
the word of the LORD came through the prophet Haggai
to Zerubbabel son of Shealtiel, governor of Judah,
and to Joshua son of Jehozadak, the high priest"

38. 스가랴 Zechariah

스가랴의 예언

저자 스가랴

연대 B.C. 520-516년경

장절 14장 211절

[스가랴의 목적]

첫째, 16년간 방치되었던 성전 재건 작업을 독려합니다.

둘째, 성전 재건이 곧 영광스러운 메시아 왕국의 도래와 구원을 상징하는 것임을 일깨워 줍니다.

[스가랴의 개요]

1장 1절-6절	회개에로의 부르심
1장 7절-6장 8절	스가랴의 여덟 가지 환상
6장 9절-15절	여호수아의 면류관
7장-8장	스가랴의 네 가지 메세지
9장-11장	메시아의 도래에 대한 예언
12장-14장	메시아 왕국의 승리에 대한 예언

1장 1절 말씀을 한글과 영어로 따라 써 보세요.

"다리오 왕 제이년 여덟째 달에 여호와의 말씀이
잇도의 손자 베레갸의 아들
선지자 스가랴에게 임하니라 이르시되"

"In the eighth month of the second year of Darius,
the word of the LORD came to the prophet Zechariah son
of Berekiah, the son of Iddo"

39. 말라기 Malachi

말라기의 예언

저자 말라기

연대 B.C. 433-432년경

장절 4장 55절

[말라기의 목적]

첫째, 성전 재건 후 곧바로 메시아 왕국이 실현되지 않자 영적 목표를 상실하고 도덕적 해이에 빠져 든 백성을 회개시켜 장차 임할 메시아 왕국을 준비하도록 합니다.

둘째, 하나님과 맺은 언약을 성실히 준행하는 것이 선민된 자로서 무엇보다 중요함을 일깨워 줍니다.

[말라기의 개요]

1장 1절-5절	이스라엘을 향한 하나님의 사랑
1장 6절-2장 9절	제사장들의 불신앙
2장 10절-3장 15절	백성들의 불신앙
3장 16절-18절	기념책에 의한 심판
4장	여호와의 날에 관한 약속

1장 1절 말씀을 한글과 영어로 따라 써 보세요.

"여호와께서 말라기를 통하여
이스라엘에게 말씀하신 경고라"

"An oracle: The word of the LORD
to Israel through Malachi."

주기도문

하늘에 계신 우리 아버지여

이름이 거룩히 여김을 받으시오며 나라가 임하옵시며

뜻이 하늘에서 이룬 것 같이 땅에서도 이루어지이다.

오늘 우리에게 일용할 양식을 주시옵고

우리가 우리에게 죄 지은 자를 사하여 준 것 같이

우리 죄를 사하여 주시옵고

우리를 시험에 들게 하지 마시옵고 다만 악에서 구하옵소서.

나라와 권세와 영광이 아버지께 영원히 있사옵나이다. 아멘.

- 마태복음 6장9절-13절 -

주기도문을 한글로 따라 써 보세요.

The Lord's Prayer

Our Father in heaven,

hallowed be your name, your kingdom come,

your will be done, on earth as it is in heaven.

Give us today our daily bread.

And forgive us our debts, as we also have forgiven our debtors.

And lead us not into temptation,

but deliver us from the evil one.

For yours is the kingdom and the power and the glory forever.

Amen.

- Matthew 6:9-13 -

주기도문을 영어로 따라 써 보세요.

십계명

① 너는 나 와에는 다른 신들을 네게 두지 말라.

② 너를 위하여 새긴 우상을 만들지 말고, 또 위로 하늘에 있는 것이나, 아래로 땅에 있는 것이나, 땅 아래 물속에 있는 것의 어떤 형상도 만들지 말며, 그것들에게 절하지 말며, 그것들 을 섬기지 말라.

③ 너는 네 하나님 여호와의 이름을 망령되게 부르지 말라.

④ 안식익을 기억하여 거룩하게 지키라.

⑤ 네 부모를 공경하라.

⑥ 살인하지 말라.

⑦ 간음하지 말라

⑧ 도둑질하지 말라.

⑨ 네 이웃에 대하여 거짓 증거하지 말라.

⑩ 네 이웃의 집을 탐내지 말라.

- 출애굽기 20장3절-17절

십계명을 한글로 따라 써 보세요.

Ten Commandments

1. You shall have no other gods before Me.
2. You shall not make for yourself an idol in the form of anything in heaven above or on the earth beneath or in the waters below.
3. You shall not misuse the name of the LORD your God, for the LORD will not hold anyone guiltless who misuses his name.
4. Remember the Sabbath day by keeping it holy.
5. Honor your father and your mother, so that you may live long in the land the LORD your God is giving you.
6. You shall not murder.
7. You shall not commit adultery.
8. You shall not steal.
9. You shall not give false testimony against your neighbor.
10. You shall not covet your neighbor's house.

- Exodus 20:3-17

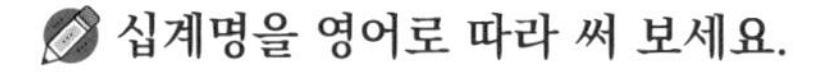

성경
1장1절 속에
66권 전체가
보인다!

한·영 성경전서 66권
1장 1절 쓰기 영성교재

신약편

New Testament

[신약]
총 27권
260장 7,957절
각 권의 1장 1절을 한글과 영어로 써보기

01. 마태복음 Matthew

마태가 기록한 기쁜 소식

저자 마태

연대 A.D. 65-70년경

장절 28장 1,071절

[마태복음의 목적]

첫째, 예수님이 바로 다윗의 후선으로 오신 유대인의 왕이자 메시아라는 것을 알려 줍니다.

둘째, 유대교에서 개종한 신자들에게 율법과 복음의 관계성을 깨우쳐 참 신앙에 이르도록 합니다.

[마태복음의 개요]

1장-4장 11절	왕의 출현
4장 12절-11장 1절	왕의 선포와 권능
11장 2절-16장 12절	왕을 거부하는 세태
16장 13절-20장 28절	왕의 가르침과 훈련
20장 29절-27장	왕의 수난과 죽음
28장	왕의 부활과 대위임령

1장 1절 말씀을 한글과 영어로 따라 써 보세요.

"아브라함과 다윗의 자손 예수 그리스도의 계보라"

"A record of the genealogy of Jesus Christ the son of David, the son of Abraham"

02. 마가복음 Mark

마가가 기록한 기쁜 소식

저자 마가

연대 A.D. 65-70년경

장절 16장 678절

[마가복음의 목적]

첫째, 하나님의 아들이신 예수님이 이 땅에 종으로 오셔서 인류의 대속 제물이 되셨음을 알려 줍니다.

둘째, 로마 황제 네로 치하에서 고난당하던 로마 성도들에게 그리스도의 능력과 고난, 부활을 증거함으로써 소망을 줍니다.

[마가복음의 개요]

1장-2장 12절	종의 출현
2장 13절-8장 26절	종의 사역과 고난
8장 27절-10장	종의 가르침
11장-15장	종의 거부당함과 수난
16장	종의 부활

1장 1절 말씀을 한글과 영어로 따라 써 보세요.

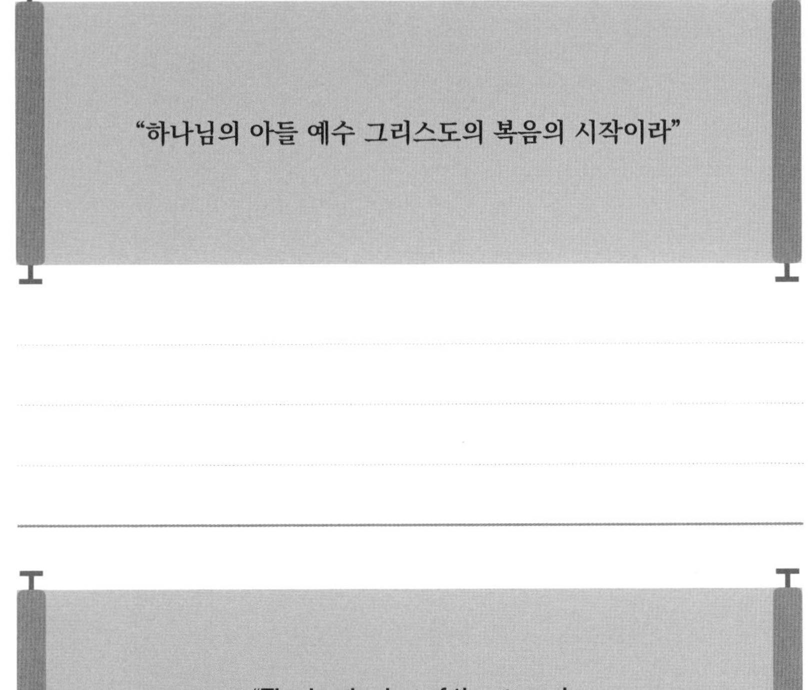

03. 누가복음 Luke

누가가 기록한 기쁜 소식

저자 누가

연대 A.D. 60-62년경

장절 24장 1,151절

[누가복음의 목적]

첫째, 예수님이 하나님이시며 동시에 완전한 인간임을 알려 줍니다.

둘째, 로마의 관리 데오빌로를 비롯한 이방인들에게 예수님이 유일한 구세주 임을 전해 줍니다.

[누가복음의 개요]

1장-4장 13절	인자의 탄생과 어린 시절
4장14절-9장 50절	인자의 세례, 시험당함, 갈릴리 사역
9장 51절-19장 27절	인자의 배척당함
19장 28절-23장	인자의 수난과 죽음
24장	인자의 부활

1장 1절 말씀을 한글과 영어로 따라 써 보세요.

"우리 중에 이루어진 사실에 대하여"

"Many have undertaken to draw up
an account of the things
that have been fulfilled among us,"

04. 요한복음 John

요한이 기록한 기쁜 소식

저자 요한

연대 A.D. 70-95년경

장절 21장 879절

[요한복음의 목적]

예수님이 본질상 하나님의 아들이요, 성육신한 분이심을 증거하고 이를 믿는 자에게 영생이 주어지는 것을 전합니다.

[요한복음의 개요]

1장 1절-18절 하나님 아들의 성육신

1장 19절-4장 하나님 아들의 증거

5장-12장 하나님 아들의 사역과 배척 당함

13장-17장 하나님 아들의 교훈

18장-21장 하나님 아들의 수난과 부활

1장 1절 말씀을 한글과 영어로 따라 써 보세요.

"태초에 말씀이 계시니라 이 말씀이 하나님과 함께 계셨으니
이 말씀은 곧 하나님이시니라"

"In the beginning was the Word,
and the Word was with God, and the Word was God."

05. 사도행전 Acts

사도들의 전도 기록

저자 누가

연대 A.D. 63년경

장절 28장 1,007절

[사도행전의 목적]

첫째, 성령의 역사로 탄생한 교회가 예루살렘에서부터 로마 제국의 전역으로 확산되어 가는 성장 과정을 소개합니다.

둘째, 로마의 관리 데오빌로를 비롯한 이방인에게 예수님의 십자가와 부활을 증거합니다.

[사도행전의 개요]

1-2장	교회의 탄생
3-7장	교회의 성장
8-12장	박해와 교회의 확장
13장-21장 16절	바울의 3차에 걸친 전도 여행
21장 17절-28장	바울의 로마 여행과 고난

1장 1절 말씀을 한글과 영어로 따라 써 보세요.

"데오빌로여 내가 먼저 쓴 글에는
무릇 예수께서 행하시며 가르치시기를 시작하심부터"

"In my former book, Theophilus,
I wrote about all that Jesus began to do and to teach"

06. 로마서 Romans

로마 교회에 보낸 편지

저자 바울

연대 A.D. 57년경

장절 16장 433절

[로마서의 목적]

첫째, 로마 교인들에게 구원의 진리를 가르쳐 줍니다.

둘째, 유대인과 이방인의 올바른 교제를 이루도록 합니다.

셋째, 바울이 계획하고 있는 로마 방문과 서바나(스페인) 선교의 순조로운 실현을 이루도록 합니다.

[로마서의 개요]

1장-3장 20절	구원의 필요성
3장 21절-5장	칭의
6장-8장	이스라엘의 미래
9장 1절-29절	이스라엘의 과거
9장 30절-10장	이스라엘의 현재
11장	이스라엘의 미래
12장-13장	성도의 의무
14장-15장 13절	성도의 자유
15장 14절-16장	맺는 말

1장 1절 말씀을 한글과 영어로 따라 써 보세요.

"예수 그리스도의 종 바울은 사도로 부르심을 받아
하나님의 복음을 위하여 택정함을 입었으니"

"Paul, a servant of Christ Jesus,
called to be an apostle and set apart for the gospel of God"

07. 고린도전서 1Corinthians

고린도 교회에 보낸 편지 I

저자 바울

연대 A.D. 55년경

장절 16장 437절

[고린도전서의 목적]

첫째, 고린도 교회에서 들려오는 좋지 못한 소문과 고린도 교인들이 제기한 여러 질문들에 답변합니다.

둘째, 고린도 교인들에게 타락한 세상 풍조를 좇지 말고 거룩하고 성숙한 신앙인으로 자라가도록 교훈합니다.

[고린도전서의 개요]

1-4장 교회내의 분열상과 분열의 이유

5-6장 교회내의 타락상

7-15장 교회내의 문제들에 대한 답변

16장 구제 헌금 요청, 마지막 당부와 인사말

1장 1절 말씀을 한글과 영어로 따라 써 보세요.

"하나님의 뜻을 따라 그리스도 예수의 사도로 부르심을 받은
바울과 형제 소스데네는"

"Paul, called to be an apostle of Christ Jesus
by the will of God,
and our brother Sosthenes"

08. 고린도후서 2Corinthians

고린도 교회에 보낸 편지II

저자 바울

연대 A.D. 55-56년경

장절 13장 256절

[고린도후서의 목적]

첫째, 바울이 자신의 사도권을 변증함으로써 거짓 교사들의 모함을 일소하고 고린도 교인들의 오해를 해소하려 합니다.

둘째, 기근으로 고통받고 있는 예루살렘 교회를 위한 헌금을 당부합니다.

[고린도후서의 개요]

1장-2장11절	계획의 변경
2장 16절-6장 10절	복음 사역의 원리
6장 11절-7장	사도로서의 권고와 훈계
8장-9장	예루살렘 교회를 위한 헌금 권고
10장-12장	고소자에 대한 답변과 사도권 해명
13장	방문 계획

1장 1절 말씀을 한글과 영어로 따라 써 보세요.

"하나님의 뜻으로 말미암아
그리스도 예수의 사도 된 바울과 형제 디모데는
고린도에 있는 하나님의 교회와
또 온 아가야에 있는 모든 성도에게"

"Paul, an apostle of Christ Jesus by the will of God,
and Timothy our brother, To the church of God in Corinth,
together with all the saints throughout Achaia"

09. 갈라디아서 Galatians

갈라디아 교회에 보낸 편지

저자 바울

연대 A.D. 56년경

장절 6장 149절

[갈라디아서의 목적]

첫째, 교회내에서 유대 율법주의자들의 그릇된 가르침을 배척하고 오직 믿음으로써만 구원을 얻는 진리를 확인 시켜 줍니다.

둘째, 바울 자신의 사도권을 변증하여 자신이 전한 복음의 온전성을 확증합니다.

[갈라디아서의 개요]

1장	바울의 사도권 변증
2장	바울의 권위
3장	율법의 속박
4장	은혜의 자유
5장-6장 10절	이신칭의의 적용
6장 11절-18절	훈계와 축복

1장 1절 말씀을 한글과 영어로 따라 써 보세요.

"사람들에게서 난 것도 아니요 사람으로 말미암은 것도 아니요
오직 예수 그리스도와 그를 죽은 자 가운데서 살리신
하나님 아버지로 말미암아 사도 된 바울은"

"Paul, an apostle–sent not from men nor by man,
but by Jesus Christ and God the Father,
who raised him from the dead"

10. 에베소서 Ephesians

에베소 교회에 보낸 편지

저자 바울

연대 A.D. 61-63년경

장절 6장 155절

[에베소서의 목적]

첫째, 제3차 전도 여행 중 세운 에베소 교회를 비롯한 인근 교회를 격려하고 믿음으로 바로 세워 줍니다.

둘째, 그리스도 안에서의 연합과 일치를 통한 바른 교회상을 일깨워 줍니다.

[에베소서의 개요]

1장	교회의 기원
2장-3장 13절	성도의 본질
3장 14절-21절	교회를 위한 기도
4장 1절-16절	성도의 교회 생활
4장 17절-5장 21절	성도의 새 생활
5장 22절-6장 9절	성도의 가정 생활
6장 10절-24절	성도의 영적 싸움

1장 1절 말씀을 한글과 영어로 따라 써 보세요.

"하나님의 뜻으로 말미암아 그리스도 예수의 사도 된 바울은
에베소에 있는 성도들과 그리스도 예수 안에 있는
신실한 자들에게 편지하노니"

"Paul, an apostle of Christ Jesus by the will of God,
To the saints in Ephesus, the faithful in Christ Jesus"

11. 빌립보서 Philippians

빌립보 교회에 보낸 편지

저자 바울

연대 A.D. 61년경-63년경

장절 6장 104절

[빌립보서의 목적]

첫째, 빌립보 교인들이 투옥된 바울에게 후원을 아끼지 않은 데 대한 감사와 자신의 근황을 알립니다.

둘째, 비록 감옥 생활 중이지만 넘치는 기쁨과 감사를 피력함으로써 고난 중에 있는 성도들을 위로하고 소망을 안겨줍니다.

셋째, 율법주의 등의 미혹을 막고 교회의 일치를 도모합니다.

[빌립보서의 개요]

1장 그리스도와의 동행

2장 그리스도의 겸손

3장 그리스도의 지식

4장 그리스도의 평강

1장 1절 말씀을 한글과 영어로 따라 써 보세요.

"그리스도 예수의 종 바울과 디모데는
그리스도 예수 안에서 빌립보에 사는
모든 성도와 또한 감독들과 집사들에게 편지하노니"

"Paul and Timothy, servants of Christ Jesus,
To all the saints in Christ Jesus at Philippi,
together with the overseers and deacons"

12. 골로새서 Colossians

골로새 교회에 보낸 편지

저자 바울

연대 A.D. 61-63년경

장절 4장 95절

[골로새서의 목적]

첫째, 골로새 교회를 세운 에바브라에게서 교회를 어지럽히는 각종 이단 사상의 폐해를 전해 듣고 바른 신앙을 가르쳐 줍니다.

둘째, 온전한 기독론의 터 위에 교회를 바로 세우도록 합니다.

[골로새서의 개요]

1장1절-12절	머리말
1장 13절-29절	그리스도의 절대 권위
2장	그리스도인의 자유
3장 1절-17절	성도의 새로운 신분
3장 18절-4장 6절	성도의 새로운 삶
4장 7절-18절	맺는 말

1장 1절 말씀을 한글과 영어로 따라 써 보세요.

"하나님의 뜻으로 말미암아
그리스도 예수의 사도 된 바울과 형제 디모데는"

"Paul, an apostle of Christ Jesus by the will of God,
and Timothy our brother,"

13. 데살로니가전서 1 Thessalonians

저자 바울

연대 A.D. 51년경

장절 5장 89절

[데살로니가전서의 목적]

첫째, 미성숙한 신앙 상태로 고난에 직면하게 된 성도들을 격려하고 올바른 신앙의 길을 가르쳐 줍니다.

둘째, 재림과 부활의 신앙을 가르쳐 극단적 종말론에 미혹되지 않도록 합니다.

[데살로니가전서의 개요]

1장	칭찬
2-3장	교회의 설립과 부흥으로 인한 기쁨
4장-5장 11절	올바른 신앙적 교훈
5장 12절-28절	권면과 인사

1장 1절 말씀을 한글과 영어로 따라 써 보세요.

"바울과 실루아노와 디모데는
하나님 아버지와 주 예수 그리스도 안에 있는
데살로니가인의 교회에 편지하노니
은혜와 평강이 너희에게 있을지어다"

"Paul, Silas and Timothy,
To the church of the Thessalonians in God the Father
and the Lord Jesus Christ: Grace and peace to you."

14. 데살로니가후서 2Thessalonians

저자 바울

연대 A.D. 51-52년경

장절 3장 47절

[데살로니가후서의 목적]

첫째, 첫번째 서신으로 인한 신앙적 오해를 바로 잡고 올바른 재림 신앙을 가르쳐 줍니다.

둘째, 박해 속에 있는 어린 신자들을 격려하며 용기를 북돋워 줍니다.

[데살로니가후서의 개요]

1장 박해 속에 있는 교회를 향한 위로와 격려

2장 재림에 대한 교훈

3장 기도 부탁, 규모 있는 생활 권면

1장 1절 말씀을 한글과 영어로 따라 써 보세요.

"바울과 실루아노와 디모데는
하나님 우리 아버지와 주 예수 그리스도 안에 있는
데살로니가인의 교회에 편지하노니"

"Paul, Silas and Timothy,
To the church of the Thessalonians
in God our Father and the Lord Jesus Christ:"

15. 디모데전서 1Timothy

디모데에게 보낸 편지 I

저자 바울

연대 A.D. 63-67년경

장절 6장 113절

[디모데전서의 목적]

첫째, 디모데를 격려하고 바른 목회 방향을 제시해 줍니다.

둘째, 당시 교회를 위협하던 영지주의와 율법주의를 경계하고 교회를 규모있고 성숙하게 관리하도록 합니다.

[디모데전서의 개요]

1장 바른 교리 사수

2장 공중 예배

3장 교회의 지도자

4장 거짓 교사에 대한 경계

5장 교회의 질서

6장 목회자의 자격

1장 1절 말씀을 한글과 영어로 따라 써 보세요.

"우리 구주 하나님과 우리의 소망이신
그리스도 예수의 명령을 따라
그리스도 예수의 사도 된 바울은"

"Paul, an apostle of Christ Jesus
by the command of God our Savior
and of Christ Jesus our hope,"

16. 디모데후서 2Timothy

디모데에게 보낸 편지 II

저자 바울

연대 A.D. 66-67년경

장절 4장 83절

[디모데후서의 목적]

첫째, 네로의 기독교 핍박 정책으로 로마 전역에 시련의 바람이 불고 있을 때 교회와 디모데가 고난을 극복할 수 있도록 격려합니다.

둘째, 믿음의 아들 디모데의 방문을 요청합니다.

[디모데후서의 개요]

1장 복음을 지켜라

2장 인내하며 복음을 가르치라

3장 말세에 복음 안에 거하라

4장 복음을 전파하라

1장 1절 말씀을 한글과 영어로 따라 써 보세요.

"하나님의 뜻으로 말미암아
그리스도 예수 안에 있는 생명의 약속대로
그리스도 예수의 사도 된 바울은"

"Paul, an apostle of Christ Jesus by the will of God,
according to the promise of life that is in Christ Jesus"

17. 디도서 Titus

디도에게 보낸 편지

저자 바울

연대 A.D. 65-66년경

장절 3장 46절

[디도서의 목적]

첫째, 도덕적으로 문란한 지중해의 크레테섬에서 목회하던 디도에게 이단 사상을 배격하게 하고 교인들로 순결한 삶을 살도록 합니다.

둘째, 교회를 더욱 조직적이고 효율적으로 목회하도록 합니다.

[디도서의 개요]

1장 교회 행정에 관한 교훈

2장 교회 각 계층을 향한 교훈

3장 성도의 순결한 생활

1장 1절 말씀을 한글과 영어로 따라 써 보세요.

"하나님의 종이요 예수 그리스도의 사도인
나 바울이 사도 된 것은 하나님이 택하신 자들의
믿음과 경건함에 속한 진리의 지식과"

"Paul, a servant of God and an apostle
of Jesus Christ for the faith of God's elect
and the knowledge of the truth that leads to godliness"

18. 빌레몬서 Philemon

빌레몬에게 보낸 편지

저자 바울

연대 A.D. 61-63년경

장절 1장 25절

[빌레몬서의 목적]

첫째, 도망친 노예 출신 신자 오네시모를 주인 빌레몬에게 돌려보내면서 이해와 관용을 촉구합니다.

둘째, 그리스도인의 근간이 되는 윤리를 가르쳐 줍니다.

[빌레몬서의 개요]

1장 1절-7절 문안 인사와 칭찬

1장 8절-21절 오네시모를 위한 부탁

1장 22절-25절 맺는 말

1장 1절 말씀을 한글과 영어로 따라 써 보세요.

"그리스도 예수를 위하여 갇힌 자 된 바울과 및 형제 디모데는
우리의 사랑을 받는 자요 동역자인 빌레몬과"

"Paul, a prisoner of Christ Jesus, and Timothy our brother,
To Philemon our dear friend and fellow worker"

19. 히브리서 Philemon

히브리 사람들에게 보낸 편지

저자 미상

연대 A.D. 60년대 후반

장절 13장 303절

[히브리서의 목적]

첫째, 구약의 내용들을 그리스도 예수를 통해 재해석함으로써 기독교 복음의 완전성과 절대성을 일깨워 줍니다.

둘째, 핍박으로 인해 다시 유대교로 되돌아가려는 자들에게 그리스도의 우월성을 전함으로써 믿음을 북돋워 줍니다.

[히브리서의 개요]

1장-4장 13절 그리스도의 신적 속성

4장 14절-7장 대제사장이신 그리스도

8장-10장 18절 그리스도의 대속 사역

10장 19절-13장 성도의 능력과 의무

1장 1절 말씀을 한글과 영어로 따라 써 보세요.

“옛적에 선지자들을 통하여 여러 부분과
여러 모양으로 우리 조상들에게 말씀하신 하나님이”

“In the past God spoke to our forefathers through
the prophets at many times and in various ways,”

20. 야고보서 James

야고보의 편지

저자 야고보

연대 A.D. 62년경

장절 5장 108절

[야고보서의 목적]

첫째, 로마 제국 전역에 흩어져 있는 성도들에게 믿음과 행위의 관계성을 가르쳐 온전한 신앙 생활을 할 수 있도록 합니다.

둘째, 핍박 아래 있는 성도들에게 공동체내의 질서, 형제간의 사랑, 믿음의 열매 등 실제적인 신앙 지침서를 전해줍니다.

[야고보서의 개요]

1-2장 원론적 교훈

3-4장 실제적 교훈

5장 맺는 말

1장 1절 말씀을 한글과 영어로 따라 써 보세요.

"하나님과 주 예수 그리스도의 종 야고보는
흩어져 있는 열두 지파에게 문안하노라"

"James, a servant of God and of the Lord Jesus Christ,
To the twelve tribes scattered among the nations: Greetings."

21. 베드로전서 1Peter

베드로의 편지 I

저자 베드로

연대 A.D. 64-66년

장절 5장 105절

[베드로전서의 목적]

첫째, 소아시아에 흩어져 살던 성도들에게 현재 당하고 있는 여러 고난뿐 아니라 장차 임할 불시험을 예견하고 구원의 소망을 가지고 끝까지 믿음으로 승리할 것을 권면합니다.

둘째, 구약 말씀을 복음의 빛으로 재조명 합니다.

[베드로전서의 개요]

1장 1절-12절	성도의 구원
1장 13절-2장 12절	성도의 성결한 삶
2장 13절-3장 12절	성도의 의무
3장 13절-5장 11절	고난 중에 성도가 취할 올바른 자세
5장 12절-14절	맺는 말

1장 1절 말씀을 한글과 영어로 따라 써 보세요.

"예수 그리스도의 사도 베드로는
본도, 갈라디아, 갑바도기아, 아시아와 비두니아에
흩어진 나그네"

"Peter, an apostle of Jesus Christ,
To God's elect, strangers in the world,
scattered throughout Pontus, Galatia,
Cappadocia, Asia and Bithynia,"

22. 베드로후서 1Peter

베드로의 편지II

저자 베드로

연대 A.D. 66-68년경

장절 3장 61절

[베드로후서의 목적]

첫째, 당시 발흥하던 이단 사설을 경계하고 성도들에게 바른 진리의 말씀을 깨우쳐 줍니다.

둘째, 재림의 소망을 비웃는 여지주의 거짓 교사의 유혹에서 성도를 보호하고 참된 소망을 가지도록 합니다.

[베드로후서의 개요]

1장 성도의 신앙 성숙

2장 거짓 선생에 대한 경고와 정죄

3장 재림에 대한 약속과 확신

1장 1절 말씀을 한글과 영어로 따라 써 보세요.

"예수 그리스도의 종이며 사도인 시몬 베드로는
우리 하나님과 구주 예수 그리스도의 의를 힘입어
동일하게 보배로운 믿음을
우리와 함께 받은 자들에게 편지하노니"

"Simon Peter, a servant and apostle of Jesus Christ,
To those who through the righteousness of our God and
Savior Jesus Christ have received a faith as precious as ours:"

23. 요한1서 1John

요한의 편지 I

저자 사도요한

연대 A.D. 85-95년경

장절 5장 105절

[요한1서의 목적]

첫째, 영지주의를 비롯한 각종 이단에 의해 심각한 위기를 맞은 교회를 진리의 터 위에 바로 세웁니다.

둘째, 하나님의 사랑을 강조함으로써 하나님과의 인격적인 관계를 유지토록 합니다.

[요한1서의 개요]

1장 1절-4절	머리말
1장 5절-2장 17절	하나님과의 교제
2장 18절-29절	이단 경계
3-4장	사랑의 실천
5장	마지막 권면

1장 1절 말씀을 한글과 영어로 따라 써 보세요.

"태초부터 있는 생명의 말씀에 관하여는
우리가 들은 바요 눈으로 본 바요
자세히 보고 우리의 손으로 만진 바라"

"That which was from the beginning, which we have heard,
which we have seen with our eyes,
which we have looked at and our hands have touched–this
we proclaim concerning the Word of life."

24. 요한2서 2John

저자 사도요한

연대 A.D. 85-95년경

장절 1장 13절

[요한2서의 목적]

영지주의로 무장한 거짓된 순회 전도자들의 그릇된 가르침을 경계하도록 합니다.

[요한2서의 개요]

1장 1절-6절 진리 안에 거하고 사랑을 행하라

1장 7절-13절 거짓 교사들을 멀리하라

1장 1절 말씀을 한글과 영어로 따라 써 보세요.

"장로인 나는 택하심을 받은 부녀와 그의 자녀들에게
편지하노니 내가 참으로 사랑하는 자요
나뿐 아니라 진리를 아는 모든 자도 그리하는 것은"

"The elder, To the chosen lady and her children,
whom I love in the truth–and not I only,
but also all who know the truth"

25. 요한3서 3John

요한의 편지III

저자 사도요한

연대 A.D. 85-95년경

장절 1장 15절

[요한3서의 목적]

겸손으로 주의 사역자들을 선히 접대할 의무가 성도들에게 있음을 일깨워 줍니다.

[요한3서의 개요]

1장 1절-2절 인사말

1장 3절-8절 가이오에 대한 칭찬

1장 9절-12절 악한 일꾼과 선한 일꾼

1장 13절-15절 맺는 말

1장 1절 말씀을 한글과 영어로 따라 써 보세요.

"장로인 나는 사랑하는 가이오
곧 내가 참으로 사랑하는 자에게 편지하노라"

"The elder, To my dear friend Gaius,
whom I love in the truth."

26. 유다서 Jude

유다의 편지

저자 유다

연대 A.D. 70-80년경

장절 1장 25절

[요한3서의 목적]

영과 육을 분리한 이원론적 사상에 따라 예수님의 성육신을 부정하는 동시에 육체의 타락에 무관심한 도덕 폐기론자들인 영지주의의 준동을 책망하고 성도들로 하여금 그리스도께 대한 참 믿음을 가지도록 합니다.

[요한3서의 개요]

1장 1절-4절 머리말

1장 5절-16절 거짓 교사에 대한 경계

1장 17절-23절 성도를 위한 권면

1장 24절-25절 송영

1장 1절 말씀을 한글과 영어로 따라 써 보세요.

"예수 그리스도의 종이요 야고보의 형제인 유다는
부르심을 받은 자 곧 하나님 아버지 안에서 사랑을 얻고
예수 그리스도를 위하여 지키심을 받은 자들에게 편지하노라"

"Jude, a servant of Jesus Christ and a brother of James,
To those who have been called,
who are loved by God the Father and kept by Jesus Christ"

27. 요한계시록 Revelation

요한이 받은 계시

저자 사도요한

연대 A.D. 95-96년경

장절 22장 404절

[요한계시록의 목적]

첫째, 심각한 박해를 당하던 당시 성도들을 위로하고 그리스도 안에서 이뤄질 최후 승리를 확신시켜 줍니다.

둘째, 사탄의 집요한 미혹에 맞서야 할 종말의 성도들에게 그리스도의 재림과 최후 심판, 새 하늘과 새 땅의 영광을 확신시켜 줌으로 신앙을 지키도록 합니다.

[요한계시록의 개요]

1장	예수 그리스도의 계시
2-3장	일곱 교회에 대한 평가와 권면
4-18장	심판과 환난
19장	그리스도의 재림과 그 날의 승리
20장	천 년 왕국
21-22장	새 하늘과 새 땅

1장 1절 말씀을 한글과 영어로 따라 써 보세요.

"예수 그리스도의 계시라
이는 하나님이 그에게 주사 반드시
속히 일어날 일들을 그 종들에게 보이시려고
그의 천사를 그 종 요한에게 보내어 알게 하신 것이라"

"The revelation of Jesus Christ,
which God gave him to show his servants
what must soon take place.
He made it known by sending his angel to his servant John"

한·영 성경전서 66권 1장 1절 쓰기
영성교재 일반·성도용

초판발행일 | 2019년 7월 5일

지 은 이 | 배수현
펴 낸 이 | 편집부
디 자 인 | 박수정
제 작 | 오남석
홍 보 | 배보배

펴 낸 곳 | 가나북스 www.gnbooks.co.kr
출판등록 | 제393-2009-000012호
전 화 | 031) 408-8811(代)
팩 스 | 031) 501-8811

ISBN 979-11-6446-007-6(03230)

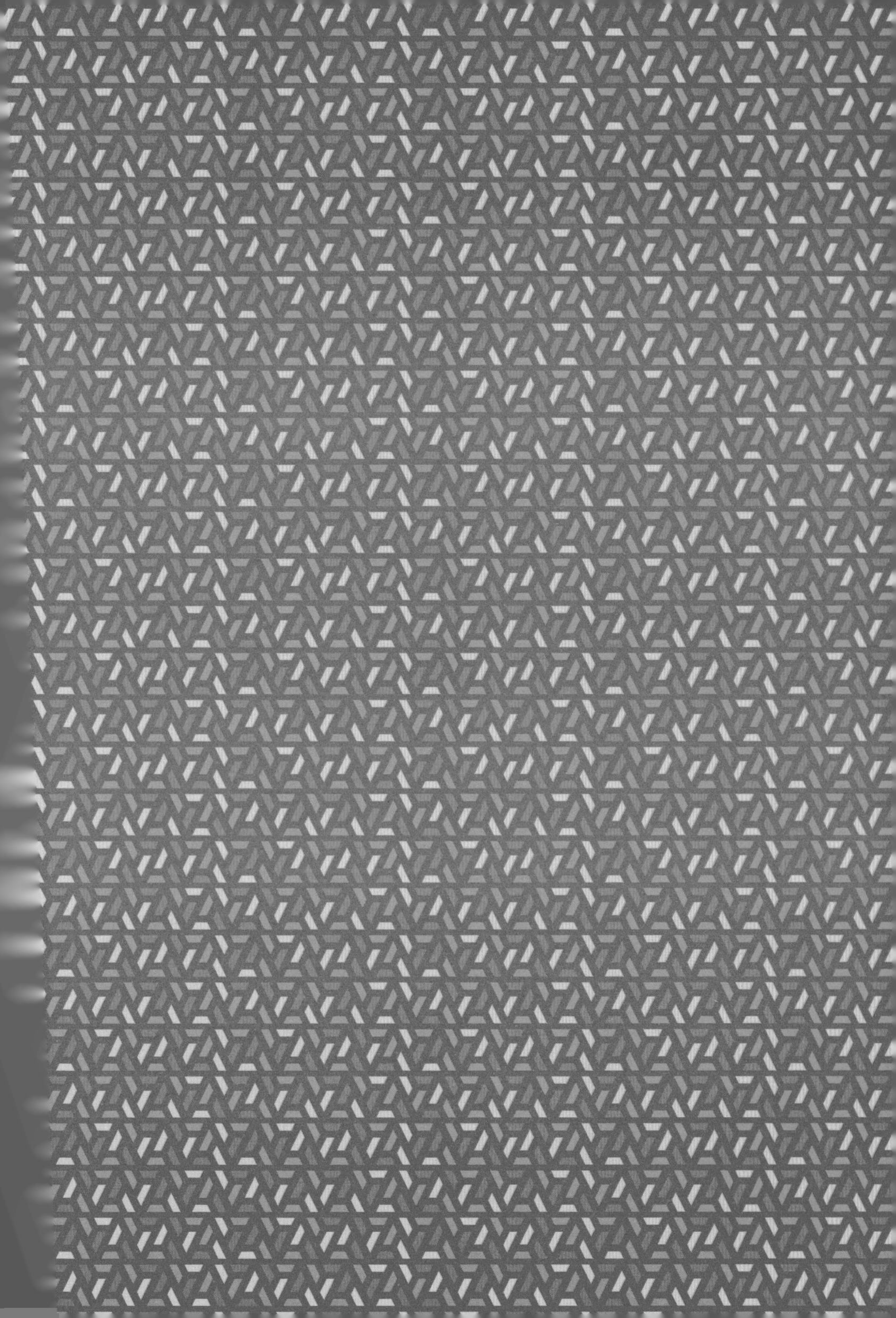